AF363642

EUGÈNE ADENIS

MA NIÈCE HORTENSE

COMÉDIE EN UN ACTE

PARIS

A. HENNUYER, IMPRIMEUR-ÉDITEUR

47, RUE LAFFITTE, 47

PERSONNAGES.

Mme LÉPINOIS, quarante ans.

AGLAÉ, sa sœur, trente-huit ans.

GERTRUDE, vieille domestique.

ANNETTE, vingt ans.

La scène se passe à Pontivy, de nos jours.

MA NIÈCE HORTENSE

Le théâtre représente un petit salon de province. — Porte au fond ; portes latérales. — A gauche, premier plan, une cheminée. — Sur la cheminée, un verre d'eau (carafe, verre, etc.), pelle, pincettes. — A droite, sur le devant de la scène, une table. — Sur la table, un jeu de dames ; fauteuil, chaises, etc.

SCÈNE PREMIÈRE.

GERTRUDE, seule.

(Tenant un plumeau à la main et époussetant les meubles.
S'arrêtant et regardant par terre.)

Tiens ! qu'est-ce que c'est que ça ?... (Elle se baisse et ramasse un petit pion noir.) Ah, ça vient du jeu de dames de Mlle Aglaé. (Elle le met dans sa poche et s'assied.) Ouf ! je n'en puis plus ! Voilà trois heures que je n'arrête pas de brosser, de frotter, de laver, de monter, de descendre... c'est exténuant ! Ma maîtresse, Mme Lépinois, et sa sœur, Mlle Aglaé, doivent attendre quelque grand seigneur, c'est sûr ; car, depuis ce matin, c'est un remue-ménage à ne pas croire... Madame bavarde...

bavarde... avec ça le temps est humide, et dame !
moi, quand le temps est humide, je n'entends plus
rien du tout... ce n'est pas que je sois sourde... mais
j'ai l'oreille un peu dure : c'est de naissance. Madame
remue les lèvres... comme ça (Elle l'imite.) ; je comprends...
j'ai l'habitude... Quand je ne comprends pas, elle
m'explique par gestes... c'est égal, c'est bon de s'asseoir un peu.

SCÈNE II.

GERTRUDE, MADAME LÉPINOIS, AGLAÉ.

(Elles entrent en se disputant. Madame Lépinois, très vive, parlant beaucoup
et avec volubilité. Aglaé, très indolente, très apathique et traînant ses
mots.)

AGLAÉ.

Mais non, ma sœur...

MADAME LÉPINOIS.

Mais si, ma sœur.

AGLAÉ.

Je t'assure que tu exagères...

MADAME LÉPINOIS.

Et je t'assure, moi, que c'est encore une nouvelle
manie que tu as là... une manie ridicule... et que ça
n'a pas le sens commun... et que l'on se moque de
toi... et que c'est bien fait. (Aglaé veut l'interrompre.) Si, si,
si ! je sais ce que je dis... laisse-moi parler, j'ai besoin
de parler. L'autre soir, chez M. le curé, tu boudais
toute seule dans un coin, parce qu'on jouait au boston
et que personne n'avait voulu faire ta partie de dames...
tout le monde l'a remarqué... tu ne peux plus te

passer de ton jeu de dames... autrefois, c'était le loto ;
maintenant, ce sont les dames... tu en perds l'appétit
et le sommeil... tu conviendras que c'est insensé !
Passe encore si tu savais jouer, mais...

AGLAÉ.

Je suis très forte, ma sœur.

MADAME LÉPINOIS.

Non, ma sœur...

AGLAÉ.

Si. D'abord, je t'ai toujours battue...

MADAME LÉPINOIS.

Je crois bien... tu t'absorbes, tu réfléchis, tu com-
bines, tu mets deux heures à jouer.

AGLAÉ.

C'est comme cela que Napoléon et le grand Frédéric
jouaient aux échecs.

MADAME LÉPINOIS.

Bon ! les échecs maintenant ! Mais tu n'es ni Napoléon ni le grand Frédéric... tu es ma sœur Aglaé, tu
habites Pontivy, tu vis avec moi, tu devrais t'occuper
de notre ménage, et tu ne le fais jamais ! et comme je
ne peux pas tout faire, il va tout de travers, le ménage !
avec Gertrude, d'un côté, Gertrude, notre vieille bonne,
qui est sourde comme trente-six canonniers, et toi, de
l'autre, qui es maniaque comme... (Elle s'arrête.)

AGLAÉ.

Comme une vieille fille, dis-le, va, dis-le.

MADAME LÉPINOIS.

Non, je ne veux pas te faire de peine ; mais, en
vérité, tu devrais bien laisser là tes distractions, surtout un jour comme celui-ci : le jour où nous attendons
notre nièce Hortense, qui peut arriver d'un instant à

l'autre, tu le sais... Ah! cela me fait penser qu'il faut dire à Gertrude... (Appelant.) Gertrude !... (Elle se retourne et voit Gertrude assoupie dans le fauteuil où elle s'est assise.) Eh bien, qu'est-ce qu'elle fait là ?... elle dort à présent. (Lui criant dans l'oreille.) Gertrude ! (Gertrude ne bouge pas. La secouant.) Gertrude !

GERTRUDE, se levant.

Madame ?...

MADAME LÉPINOIS.

Vous dormiez ?...

GERTRUDE.

Je faisais le ménage... (Elle montre son plumeau.)

MADAME LÉPINOIS, après avoir ri.

C'est bon. Écoutez-moi bien, Gertrude. Ma nièce Hortense, la fille de mon excellent frère Simon, qui habite Brest, va venir passer quinze jours avec moi. Je l'attends aujourd'hui... la chère petite! C'est moi qui l'ai élevée jusqu'à l'âge de quatre ans... je ne l'ai pas revue depuis. C'est une belle jeune fille de dix-huit ans à présent. Vous pensez, Gertrude, quelle joie c'est pour moi de la recevoir et de la revoir!... Aussi je tiens à ce qu'elle soit gâtée, choyée, dorlotée... Prévenez ses désirs, qu'elle ne manque de rien; soyez gentille pour elle, il faut qu'elle s'amuse et qu'elle emporte le meilleur souvenir de son séjour chez sa tante Lépinois...

GERTRUDE.

Je n'ai pas entendu un mot de ce que m'a dit madame.

MADAME LÉPINOIS.

Ce n'est pas faute de crier pourtant...

GERTRUDE.

Le temps est humide... et, moi, quand le temps est

humide... (Elle fait le geste de quelqu'un qui n'entend pas.) C'est
de naissance.

MADAME LÉPINOIS, à sa sœur.

Aglaé?

AGLAÉ.

Ma sœur?

MADAME LÉPINOIS.

Écris donc à Gertrude ce que je viens de lui dire...
Tiens, sur ce petit bout de papier, à cette table...

AGLAÉ.

Oui, ma sœur.

MADAME LÉPINOIS, avec un cri.

Ah!

AGLAÉ.

Quoi?

MADAME LÉPINOIS.

On a sonné... Gertrude!... (Elle fait à Gertrude le geste
de quelqu'un qui tire un cordon de sonnette et lui fait signe d'aller
ouvrir. Gertrude sort par le fond.)

AGLAÉ, assise près de la table et comptant les pions de son damier.

Douze, treize, quatorze, dix-huit, vingt-trois...

MADAME LÉPINOIS.

Qu'est-ce que tu fais là?...

AGLAÉ.

Je compte mes pions... il en manque un.

MADAME LÉPINOIS, indignée.

Elle compte ses pions!... Non, non, non, ce n'est
pas croyable! Mais écris donc ce que je t'ai dit...
tu compteras tes pions un autre jour... il faut bien
que Gertrude sache que nous attendons notre nièce
Hortense... écris, écris, écris!...

AGLAÉ.

Oui, ma sœur, oui... Ne te fâche pas... et surtout

ne bavarde pas tant... tu répètes trois fois la même
chose... tu m'étourdis.

MADAME LÉPINOIS, avec humeur.

Laisse-moi donc tranquille... tu n'écoutes pas.
(A Gertrude, qui rentre.) Eh bien?...

GERTRUDE.

Ce n'est personne, madame.

MADAME LÉPINOIS.

Ah! ça m'avait donné un battement de cœur.

AGLAÉ, qui a fini d'écrire, donnant à Gertrude un petit papier.

Tenez, Gertrude.

GERTRUDE.

Qu'est-ce que c'est que ça?...

MADAME LÉPINOIS, lui faisant signe de lire.

Lisez.

GERTRUDE, après avoir lu.

Ah! bon, je comprends .. madame attend sa nièce.
Nous aurons bien soin d'elle, madame peut être tranquille.

AGLAÉ.

Dites-moi donc, Gertrude... vous n'avez pas trouvé
un petit pion noir? (Elle désigne le damier et mime la phrase.)

GERTRUDE.

Ah! si, mademoiselle, je comprends... je l'ai trouvé
ce matin, en balayant... (Elle cherche dans sa poche.) Où l'ai-
je fourré?... Ah! le voici.

AGLAÉ.

Merci.

GERTRUDE.

Il n'y a pas de quoi, mademoiselle. (A elle-même.) Je ne
suis pas sourde... Quand on m'explique par gestes,
en remuant les lèvres, je comprends tout de suite.

(Coup de sonnette.)

MADAME LÉPINOIS, qui, pendant ce dialogue, est remontée au fond,
en donnant des signes d'impatience, redescendant vivement au coup
de sonnette.

Ah ! cette fois !... courez vite...

(Même jeu que plus haut. Elle fait signe à Gertrude qu'on a sonné.
Gertrude sort.)

SCÈNE III.

MADAME LÉPINOIS, AGLAÉ.

MADAME LÉPINOIS, secouant sa sœur, qui est retournée
près de son damier et qui joue toute seule.

Ma sœur, ma sœur !...

AGLAÉ.

Quoi, ma sœur ?...

MADAME LÉPINOIS.

On a sonné... c'est elle... c'est Hortense ! ma nièce
Hortense, notre nièce Hortense ! Chère petite !...

AGLAÉ, se levant lentement.

Allons, ma sœur...

MADAME LÉPINOIS.

Mais dépêche-toi... allons au-devant d'elle... c'est ta
nièce aussi... Ah ! tu n'aimes pas ta famille !

AGLAÉ, très calme.

Oh ! ma sœur ! s'il est permis de dire ?...

MADAME LÉPINOIS.

Non, tu n'aimes pas... (Entre Annette.) Ah ! c'est elle ;
Hortense ! ma nièce, mon enfant, dans mes bras ! (Elle
se précipite et l'embrasse.)

SCÈNE IV.

ANNETTE, essayant de se dégager.

Madame...

MADAME LÉPINOIS.

Ma tante, appelle-moi ta tante...

ANNETTE, essayant de parler.

Madame, je...

AGLAÉ.

Dans mes bras, ma nièce.

ANNETTE, se retournant vers Aglaé.

Madame.

AGLAÉ.

Ma tante, appelle-moi aussi ta tante...

ANNETTE.

C'est que je...

MADAME LÉPINOIS, l'interrompant.

Encore, embrasse-moi encore... (Elle l'embrasse.)

ANNETTE, ahurie.

Mais...

AGLAÉ, la faisant tourner.

Moi aussi, encore, chère enfant, encore... (Elle l'embrasse.)

MADAME LÉPINOIS, vivement.

As-tu fait un bon voyage?...

ANNETTE.

Merci, je...

MADAME LÉPINOIS, toujours très vite.

Pas d'incident, pas d'accident, pas d'événement?...

ANNETTE.

Non, madame, mais je voudrais bien...

MADAME LÉPINOIS.

Parle!... Que te faut-il?... Que désires-tu?...

ANNETTE.

Je ne suis pas...

MADAME LÉPINOIS.

Tu n'es pas en train de causer... c'est juste... la fatigue... tu es lasse... repose-toi... tu n'as pas faim?

ANNETTE.

Ah! dame, si! c'est-à-dire...

MADAME LÉPINOIS.

Tu n'as pas déjeuné! Ah! mon Dieu! pauvre enfant!... Vite, Aglaé, un couvert. (A Annette.) Dans un instant, tu seras servie... (A Aglaé.) Viens m'aider à porter le plateau, viens... (Elles sortent à droite.)

SCÈNE V.

ANNETTE, seule.

Je ne m'appelle pas Hortense... je m'appelle Annette... Annette Trublot... je suis la fille au père Trublot... Jean-Ernest-Nicolas-Anselme-Napoléon Trublot, pépiniériste à Kergomard. Je suis partie, à dix-huit ans, de chez mon père pour me placer, comme domestique, chez une vieille demoiselle... une vieille demoiselle qui avait un petit chien... un petit chien qui mordait tout le monde... Ma maîtresse l'adorait, cet horrible petit épagneul... il était fourré toute la journée sur ses genoux et, la nuit, elle le faisait coucher dans sa chambre, au pied de son lit. Un matin, madame me sonne... j'entre... les persiennes étaient fermées ; on n'y voyait pas... je m'approche du lit. Coqueluche dormait — Coqueluche, c'est le nom de cette mauvaise petite bête — et, sans le vouloir, je lui marche sur la queue... Coqueluche se redresse avec un cri et se met à aboyer : ouah ! ouah ! ouah !... et à me mordre les mollets... je le repousse du pied... madame bondit : « — Malheureuse ! vous écrasez Coqueluche... — Mais non, madame... c'est Coqueluche qui me mord. — Ah ! mon Dieu ! pauvre petite bête... sortez, je vous chasse. — Mais, madame... — Sortez ! » Elle prend son petit chien dans ses bras, le caresse, le dorlote... Coqueluche gémit, madame s'évanouit, moi, je crie !... Il n'y a pas eu moyen de lui faire entendre raison et, le jour même, elle m'a donné mon compte... S'il est permis ! mettre une pauvre fille à la porte pour un roquet de petit animal pas plus gros que ça... (Elle montre son poing.) J'étais sans place ; je me suis adressée au bureau de placement du chef-lieu, et l'on m'a envoyée ici... et voilà une autre aventure maintenant... cette dame qui me prend pour sa nièce, qui me saute au cou quand j'arrive... et l'autre aussi... (Les imitant.) embrasse-moi... encore... moi aussi... encore !... je vous demande un peu s'il n'y a pas de quoi vous éberluiser pour le restant de vos jours !... ah çà, voyons, je suis pourtant bien chez Mme Lépinois, 15, Grande-Rue, à Pontivy... on ne peut pas savoir... elle parle tout le temps... pourvu qu'elle n'ait pas de petit chien !... les voilà... je vais pouvoir leur expliquer... oh ! le beau déjeuner !...

SCÈNE VI.

ANNETTE, MADAME LÉPINOIS, GERTRUDE.

(Madame Lépinois et Gertrude entrent portant un plateau sur lequel
se trouve un déjeuner servi. Annette prend le jeu de dames qui est
sur la table et le pose sur la cheminée.)

MADAME LÉPINOIS.

Posez ça là, Gertrude...

ANNETTE, regardant Gertrude.

Tiens ! il y a donc une autre bonne... déjà.

MADAME LÉPINOIS, à Annette.

Assieds-toi, mon enfant.

ANNETTE.

Oui, mais avant tout, madame, je dois vous dire...

MADAME LÉPINOIS.

Avant tout, assieds-toi.

ANNETTE.

Il faut que je vous explique d'abord...

MADAME LÉPINOIS.

Non, non, après.

ANNETTE.

Mais cependant...

MADAME LÉPINOIS.

Assieds-toi et mange, je le veux...

ANNETTE.

Il faut bien...

MADAME LÉPINOIS.

Je n'écouterai pas... mange d'abord.

GERTRUDE.

Mangez donc, mademoiselle, mangez donc.

ANNETTE, à elle-même, en s'asseyant.

Elles le font exprès !... (Haut.) Je désire...

MADAME LÉPINOIS.

Un peu de poulet... Voilà... (Elle la sert.)

ANNETTE.

Oui, mais je voudrais...

MADAME LÉPINOIS.

La carafe... Gertrude, donnez la carafe. (Elle montre la carafe à Gertrude qui la prend sur la cheminée.)

ANNETTE, à part.

Allons, je n'en sortirai pas... elle a un coup de marteau, c'est sûr !... ma foi, tant pis, j'ai trop faim. (Elle mange pendant que Madame Lépinois la suit des yeux.)

MADAME LÉPINOIS, tout en la servant.

Elle n'est pas changée ! je l'ai reconnue tout de suite.

ANNETTE, laissant tomber sa fourchette.

Ah ! ça, par exemple, c'est trop fort !

MADAME LÉPINOIS, à Annette.

Gertrude va continuer à te servir ; moi, je vais préparer ta chambre... (Se ravisant au moment où elle va sortir.) Ah ! cette lettre à ma sœur Pauline que j'oubliais... il faut qu'elle sache que tu es arrivée, Hortense, pour qu'elle vienne t'embrasser...

ANNETTE.

Mais, pardon, mad...

MADAME LÉPINOIS.

Oh ! non, non, ma chère enfant, tu ne peux pas y aller toi-même... c'est trop loin d'ici... elle viendra, repose-toi... (Appelant.) Gertrude !... (Elle lui montre la lettre.) Vous allez courir tout de suite chez ma sœur Pauline... l'adresse est là, tenez. (Elle lui donne la lettre.)

GERTRUDE.

Soyez tranquille, madame.

MADAME LÉPINOIS.

A tout à l'heure...

ANNETTE, faisant un pas.

Je...

MADAME LÉPINOIS.

Non, reste... à tout à l'heure. (Elle sort vivement par la droite.)

SCÈNE VII.

GERTRUDE, ANNETTE.

ANNETTE.

Ah! ma foi, j'y renonce !

GERTRUDE, s'avançant.

Un peu de dessert, mademoiselle?...

ANNETTE.

Oh! merci... je ne suis pas habituée... c'est égal, donnez tout de même...

GERTRUDE, à elle-même, tout en la servant.

Elle doit avoir de l'instruction, la nièce de madame. J'ai bien envie de lui montrer ma lettre à M. le maire pour ma fille, qui veut être rosière... je n'ai pas encore osé la montrer à madame... (Elle tire de sa poche une immense feuille de papier qu'elle déroule.)

ANNETTE, à part.

Qu'est-ce qu'elle fait?

GERTRUDE.

Tenez, mademoiselle, lisez-moi ça. (Elle lui donne le papier.)

ANNETTE, lisant.

« Monsieur le maire... Je viens vous prier pour que vous ayez la bonté d'avoir l'obligeance d'être assez aimable que ma fille qui est en apprentissage et une très honnête petite personne, à preuve qu'elle a jamais fait de misères à sa mère, même qu'elle était toute petite, et une travailleuse, à seule fin qu'elle concoure pour être rosière... »

GERTRUDE.

C'est-il bien tourné, ça, mademoiselle?...

ANNETTE.

Je ne ferais pas mieux.

GERTRUDE, à part.

Elle m'a dit quelque chose que je n'ai pas bien compris... mais ça doit être un compliment... (Haut.) et croyez-vous qu'elle aura des chances?...

ANNETTE.

Qui ça?...

GERTRUDE.

Croyez-vous que ma fille aura des chances?...

ANNETTE.

Ah ! oui... mais il faut que madame sache qui je suis.

GERTRUDE.

Ça me rendra bien heureuse !

ANNETTE.

Je veux bien; mais je ne sais pas comment elle prendra la chose !

GERTRUDE.

Et puis on donne cinq cents francs !

ANNETTE.

Comment, on donne ici cinq cents francs de gages ?

GERTRUDE.

Oui, au mois de mai.

ANNETTE, étonnée.

Au mois de mai?

GERTRUDE.

Au mois de mai, pour le couronnement.

ANNETTE.

Mais je ne vous parle pas de ça... Vous n'avez donc pas entendu?...

GERTRUDE.

Hein?...

ANNETTE.

Je dis : vous ne m'avez donc pas entendue?...

GERTRUDE.

Ah! oui, je comprends... c'est que le temps est humide, voyez-vous... Alors, j'ai l'oreille un peu dure...

ANNETTE, tombant assise, avec accablement.

Sourde! elle est sourde! ah! mon Dieu! il ne manquait plus que ça!

GERTRUDE, voyant la porte de droite s'ouvrir.

Voilà madame... et sa lettre que j'oubliais... Vite, allons. (Elle sort par le fond.)

SCÈNE VIII.

ANNETTE, MADAME LÉPINOIS, puis AGLAÉ.

MADAME LÉPINOIS, entrant par la droite.

La chambre est prête... Ah! Gertrude est partie... (Voyant Annette assise, la tête dans ses mains.) Tiens, Hortense dort...

AGLAÉ, entrant par la gauche.

Ma sœur, on te demande en bas...

MADAME LÉPINOIS.

J'y vais... Chut! pas de bruit (Montrant Annette.), elle dort... la fatigue du voyage!... chère petite!... (A sa sœur.) Attends-moi ici, je descends... (Elle sort par le fond.)

SCÈNE IX.

ANNETTE, toujours assise, AGLAÉ.

ANNETTE, relevant la tête.

Madame bavarde et ne m'écoute pas... la bonne m'écouterait, mais elle n'entend rien. (Elle se lève et aperçoit Aglaé qui, depuis son entrée, regarde autour d'elle avec inquiétude.) Ah! la sœur de madame...

AGLAÉ.

Où a-t-elle mis mon damier?... il était sur cette table... (Elle aperçoit Annette.) Tiens, tu es réveillée?...

ANNETTE.

Mais je ne dormais pas, mademoiselle...

AGLAÉ, distraite.

Où l'a-t-elle mis?... (Elle regarde sur la cheminée.) Ah! le voici! le voici...

ANNETTE.

Vous cherchiez quelque chose?

AGLAÉ.

Je l'ai trouvé, merci...

ANNETTE, à elle-même.

Elle entend, au moins... (Haut.) Je veux, mademoiselle, profiter de la circonstance...

AGLAÉ, son damier à la main, d'un air radieux.

Profiter de la circonstance! est-ce que tu saurais jouer, par hasard?...

ANNETTE.

Jouer?... à quoi?...

AGLAÉ.

A ceci. (Elle montre le damier.)

ANNETTE.

Un jeu de dames?... (A part.) J'ai vu ma maîtresse y jouer... quelquefois... (Haut.) On pousse des petits ronds noirs... ou jaunes.

AGLAÉ.

C'est ça!... parfait! Viens t'asseoir là.

ANNETTE.

Comment? vous voulez que je...

AGLAÉ.

Ça t'ennuie?...

ANNETTE.

Je ne dis pas ça; mais... (A part.) Tiens, au fait, c'est peut-être une idée... tout en jouant, je m'expliquerai posément... ce sera bien le diable si je ne parviens pas à me faire entendre...

AGLAÉ.

Eh bien?...

ANNETTE, s'asseyant.

Voilà... (A part.) Je pousserai au hasard, tant pis!

AGLAÉ, qui a disposé les pions sur le damier.

Commence! (Annette joue.) A moi... (Elle joue.) A toi...

ANNETTE, jouant.

Tout à l'heure, je n'ai pas pu vous dire qui j'étais...

AGLAÉ, répondant au coup que vient de jouer Annette.

Ah! c'est contrariant!... (Elle hésite et joue.)

ANNETTE, croyant qu'elle a répondu à son idée, continuant, tout en jouant.

Très contrariant... je ne m'appelle pas Hortense... je suis Annette... Annette Trublot...

AGLAÉ, distraite, combinant un coup.

Trublot... blot... blot... Ah! (Elle joue.) A ton tour.

ANNETTE, jouant.

La fille au père Trublot, pépiniériste à Kergomard...

AGLAÉ, même jeu.

Gomard... mard... mard... Tu as joué?...

ANNETTE.

Oui...

AGLAÉ, jouant.

Alors, tiens, pare ceci...

ANNETTE, poussant au hasard, à elle-même.

Enfin, j'ai pu me faire écouter!

AGLAÉ, répondant au coup d'Annette.

Qu'est-ce que tu fais?

ANNETTE.

Je suis bonne... (Elle joue.)

AGLAÉ.

Mais non, tu n'es pas bonne... tu es en train de me gagner, tout simplement.

ANNETTE, à part.

Qu'est-ce qu'elle dit?... (Haut.) Je ne suis pas la nièce que vous attendiez. (Elle joue.)

AGLAÉ, avec un cri.

Ah!...

ANNETTE, à part.

Elle a compris!

AGLAÉ, répondant au coup d'Annette.

Ça m'est égal... tiens, je joue ceci... A toi...

ANNETTE.

Si je n'ai pas pu vous le dire tout de suite, ce n'est pas ma faute... (Elle joue.)

AGLAÉ, à part.

Ah çà! mais elle est très forte!... je ne peux plus
)ouger aucun de mes pions...

ANNETTE.

C'est que vous ne m'avez pas donné le temps de
m'expliquer.. (Elle joue.)

AGLAÉ, se levant.

Perdu! J'ai perdu!

ANNETTE, se levant aussi.

Tiens! J'ai donc gagné?

AGLAÉ.

Certainement... tu es plus forte que moi... il faudra
que tu me donnes des leçons.

ANNETTE.

Il faut d'abord que madame votre sœur sache à quoi
s'en tenir...

AGLAÉ.

Ma sœur?... non, non, ne lui parle pas de ça, c'est
inutile...

ANNETTE.

Comment?

AGLAÉ.

Non, ça la fâcherait...

ANNETTE.

Pourquoi? Je lui montrerai mes certificats... j'en
ai de très bons... ils sont dans ma malle... je cours
les chercher. (Elle sort à droite en courant.)

SCÈNE X.

AGLAÉ, puis MADAME LÉPINOIS.

AGLAÉ, la rappelant.

Mais non... encore une fois... (Revenant en scène.) Est-elle drôle?... pourquoi veut-elle parler à ma sœur de certificats?

MADAME LÉPINOIS, entrant par le fond.

Ma sœur... ma sœur... Ah! te voilà... c'est affreux... c'est indigne! Figure-toi... je viens d'apprendre... où est cette fille... cette aventurière?...

AGLAÉ.

Tu m'épouvantes!... Que se passe-t-il donc?...

MADAME LÉPINOIS.

Tiens, lis cette lettre!... (Elle lui tend une lettre.)

AGLAÉ.

L'écriture de notre frère Simon...

MADAME LÉPINOIS.

Oui.

AGLAÉ, lisant.

« Ma chère sœur, Hortense est un peu souffrante. Il lui est impossible de se mettre en route avant quinze jours au moins... Ne compte pas sur elle avant la fin du mois. »

MADAME LÉPINOIS.

Eh bien, qu'en dis-tu?...

AGLAÉ.

Mais alors, l'autre?...

MADAME LÉPINOIS.

Une aventurière, je te le disais...

AGLAÉ.

Ah! mon Dieu!... Il faut la renvoyer, la chasser...

MADAME LÉPINOIS.

Où est-elle?...

AGLAÉ.

Je ne sais... elle est allée chercher sa malle.

MADAME LÉPINOIS.

Dans ma chambre!... Ah! mon Dieu!...

AGLAÉ.

Dans la salle à manger peut-être... et moi qui ai oublié de serrer l'argenterie...

MADAME LÉPINOIS.

Cours vite... Non, reste... on ne peut pas savoir... elle fait peut-être partie d'une bande!...

AGLAÉ.

Une bande de voleurs!... C'est cela.

MADAME LÉPINOIS.

Si elle allait nous assassiner?...

AGLAÉ, avec un cri.

Ah!

MADAME LÉPINOIS.

Barricadons-nous...

AGLAÉ.

Allons chercher la garde!...

MADAME LÉPINOIS.

Nous n'aurions pas le temps... (Apercevant Annette qui rentre.) A toi, ma sœur!... la voici!... (Elle lui donne la pelle, qu'elle saisit vivement, et prend les pincettes. Toutes deux les brandissent comme elles feraient d'une arme.)

SCÈNE XI.

LES MÊMES, ANNETTE.

AGLAÉ.

N'approchez pas !

MADAME LÉPINOIS.

N'approchez pas !

ANNETTE.

Qu'est-ce qui leur prend ?...

MADAME LÉPINOIS.

Nous savons tout.

AGLAÉ.

Oui... tout.

ANNETTE.

Eh bien, alors ?... (Elle fait un pas.)

MADAME LÉPINOIS, levant les pincettes.

N'approchez pas !

AGLAÉ, même jeu.

N'approchez pas !

ANNETTE, à part.

Quelle drôle de maison !

SCÈNE XII.

LES MÊMES, GERTRUDE.

GERTRUDE, entrant par le fond, sans voir Annette.

C'est moi, madame... je viens de chez votre sœur,
Mme Lépinois... elle ne peut pas venir tout de suite...
elle est sans bonne... elle en attend une d'un instant à
l'autre.

LES TROIS FEMMES.

Hein?...

ANNETTE, s'avançant.

Vous avez une sœur qui porte votre nom, madame?

MADAME LÉPINOIS.

Sans doute, puisque nous avons épousé les deux frères...

ANNETTE, continuant.

Et qui demeure?...

MADAME LÉPINOIS.

Au bout de la ville...

ANNETTE.

Et qui attend une bonne?... C'est moi.

MADAME LÉPINOIS.

Vous! tout s'explique... mais, ma fille, vous auriez pu, ce me semble, me prévenir plus tôt.

ANNETTE.

Mais, madame, vous ne me laissiez pas parler.

MADAME LÉPINOIS.

Alors, il fallait apprendre la vérité à ma sœur.

AGLAÉ.

Mais oui, mon enfant, tout à l'heure, vous auriez pu me dire...

ANNETTE.

Je vous l'ai dit.

AGLAÉ.

Non pas.

ANNETTE.

Mais si.

AGLAÉ.

Mais non.

ANNETTE.

Je n'ai fait que ça pendant la partie de dames... Souvenez-vous!

MADAME LÉPINOIS, levant les bras.

Ah! si c'était pendant une partie de dames!...

AGLAÉ, même jeu.

Ah!

MADAME LÉPINOIS.

Elle n'a rien entendu. Allons, mon enfant, il ne me reste plus qu'à vous faire toutes mes excuses.

ANNETTE.

Oh! madame, il n'y a pas de quoi!

MADAME LÉPINOIS.

Je vais vous conduire chez ma sœur Pauline et, comme vous êtes très gentille, je suis sûre que vous lui plairez.

AGLAÉ, prenant Annette à part.

Dites donc, Annette, quand vous aurez un instant, vous viendrez me donner des leçons.

ANNETTE.

Des leçons?... des leçons de cuisine?

AGLAÉ.

Non, de... (Elle montre le jeu de dames.)

ANNETTE, riant.

Mais, mademoiselle, je ne sais pas jouer; j'ai poussé les petits ronds au hasard.

AGLAÉ.

Ah! bah!... au fait, c'est peut-être le vrai moyen de gagner!...

(Le rideau baisse.)

———

DUPEUTY (A.).   **Blanche de Césanne**, proverbe en un acte
(5 personnages). In-8°.   1 fr. 50
NUITTER (Ch.).   **La Cage d'or**, proverbe en un acte (5 personnages,. In-8°.   1 fr. 50

CHARADES EN ACTION

CÉLIÈRES (Paul). **L'Incomparable Zuléma**, charade en trois
parties (8 personnages).   1 fr.
—   **Un Dîner de huit couverts**, charade en trois
parties (2 personnages).   1 fr.
—   **Le Gibier de Son Altesse**, charade en trois
parties (9 personnages). In-18.   1 fr.
—   **Le Nez du marquis**, charade en trois parties
(7 personnages). In-18.   1 fr.
ADENIS (Jules). **Marionnette**, charade en trois parties (7 personnages). In-18.   1 fr.
—   **La Fête de Colombine**, charade en trois
parties (7 personnages). In-18.   1 fr.
—   **L'Adroite Princesse**, charade en trois parties
(6 personnages) In-18.   1 fr.
—   **La Double Méprise**, charade en trois parties
(6 personnages). In-18.   1 fr.
—   **L'héritage de Jocrisse**, charade en trois
parties (6 personnages). In-18.   1 fr.

MONOLOGUES

LALUYE (Léopold). **Fleurissez-vous, Mesdames.** In-18.   50 c.
—   **Ah! le bal!** In-18.   50 c.
BEISSIER (Fern.). **Le Nouveau.** In-18.   50 c.
—   **Mon bon Monsieur Croquemitaine!** In-
18.   50 c.
—   **Petit Noël.** In-18.   50 c.
                 C'est pour demain! In-18.   50 c.

VAUDEVILLES

JOUSLIN DE LA SALLE. **La Marquise invisible**, vaudeville en un
acte (7 personnages).   1 fr. 50
DUFLOT (J.).   **Les Ouvrières de qualité**, vaudeville en un
acte (7 personnages), musique de J.
Nargeot.

POÉSIES

PAUL CÉLIÈRES.   **Le Premier Brin d'herbe.**   50 c.
—   **Un Rayon de soleil**, fantaisie.   50 c.
—   **Une Larme.**   50 c.